Collection
« Petite déclaration d'amour »

@suzac_editions
www.suzac.fr

Dépôt légal : mai 2021
ISBN : 978-2-490795-20-8

Achevé d'imprimer : avril 2021
Imprimé en UE

Alban Cambe

petite déclaration d'amour à la forêt notre nature profonde

SUZAC
éditions

L'auteur

Alban Cambe est professeur de sciences de la Vie, de la Terre et de l'Univers. Il enseigne – avec plaisir ! – en région parisienne. Breton de naissance, il a préféré l'appel de la forêt à celui de l'océan, et s'est consacré à la découverte des ressources naturelles utiles, comestibles et médicinales depuis ses plus jeunes années. Il est ainsi passionné par l'art de vivre dans les bois, cette discipline que l'on nomme *bushcraft*.

C'est dans cet univers qu'il anime des sorties sur le terrain, des podcasts et une chaîne YouTube. Ses stagiaires apprennent à faire du feu, à bivouaquer, à se nourrir des plantes et des champignons. Bref, à utiliser les trésors de nos bois en bonne intelligence avec les écosystèmes. Alban est également reconnu comme le spécialiste français de la navigation naturelle, ce moyen de s'orienter sans boussole, en lisant et en comprenant l'environnement.

Quand il n'est pas dehors à randonner, camper ou produire des flammes sans allumettes, Alban écrit des articles pour divers magazines, des guides pratiques et des œuvres de fiction. Il aime la course à pied, le Krav Maga et les chats.

Sommaire

Ce livre est dédié à celles et ceux
qui ont déjà humé le pétrichor, l'odeur de
la forêt après la pluie. Et à celles et ceux qui
veulent désormais la découvrir.

« J'ai fait une balade dans la forêt
et j'en suis revenu plus grand
que les arbres. »

Henry David Thoreau

« Croyez-en mon expérience,
vous trouverez quelque chose de plus
dans les forêts que dans les livres ;
les poutres et les pierres vous
enseigneront ce que vos maîtres
ne vous ont pas appris. »

Saint Bernard de Clairvaux

Avant-propos

Ah, vous voilà ! Vous pensiez me surprendre ? Mais je vous ai entendu arriver depuis cinq bonnes minutes ! Les branches qui craquent sous vos pieds, le frottement des branches et des fougères sur vos vêtements… Vous avez dû m'entendre de loin, vous aussi. Je fendais du bois pour nous préparer un feu de camp. Donnez-moi un instant, je vais l'allumer avec ce silex et ce bout de métal. Asseyez-vous sur ce tronc de bouleau couché et mettez-vous à l'aise. Je nous prépare une tisane. Nous allons prendre le temps de discuter un peu.

Mais je manque à toutes mes obligations… Bienvenue dans mon univers ! Vous vous êtes déjà frayé un chemin entre les pins et les chênes, voici mon campement. Je dois passer pour un original à vos yeux, avec mon hamac tendu entre deux arbres, tout juste abrité par une toile de tente en surplomb. Oui, c'est bien mon sac à dos suspendu à cette branche. J'y transporte tout le nécessaire pour m'immerger un week-end ou même une semaine dans les bois. Je randonne, je cueille des champignons. Vous aimez la côte de bœuf ? Le beaujolais ? Je mets un point d'honneur à proposer de superbes repas au feu de bois. Ça change le rapport à la nourriture.

Non, je ne suis pas un survivaliste comme on dit. Juste un boy-scout refoulé. J'aime camper, bivouaquer, marcher. J'expérimente aussi. Produire du feu en frottant des bouts de bois, fabriquer des ficelles avec des fibres d'ortie… On a bien le droit de s'amuser un peu, pas vrai ?

J'allume mon feu en respectant la forêt, en faisant en sorte de le contraindre à un foyer réduit. Et surtout, lorsque nous repartirons demain matin, nous effacerons toutes nos traces. Absolument toutes. C'est aussi cela, l'art de la vie dans les bois. On dit « bushcraft » dans la langue de Conan Doyle.

Vous vous demandez sans doute pourquoi un professeur de sciences de la vie et de la terre irait prendre le maquis à la moindre occasion ? Qu'est-ce qui peut pousser un adulte civilisé à régresser ainsi ? Je dis toujours que c'est la faute de ma grand-mère qui, lors d'une balade, s'est mise à ramasser des plantes sauvages sur le bord du chemin. Quelle drôle d'idée ! Je devais avoir huit ans et c'est ce jour-là que j'ai réalisé que la nature avait des choses à nous offrir. La nature ne vous demande pas votre carte de crédit ou un avis d'imposition, elle se fiche de savoir quel est votre âge, votre origine, votre couleur de peau. La nature est neutre. Source de richesses pour l'initié, milieu hostile pour d'autres. Depuis ce jour, j'essaye de comprendre l'environnement, d'en maîtriser les ressources pour me soigner, me nourrir, m'orienter et, tout simplement, y prendre du plaisir.

Dans la forêt, le temps s'écoule de façon différente. L'eau est en train de bouillir ; les flammes nous serviront de lanterne. Je lancerai la cuisson du repas plus tard. Je vous propose de siroter tranquillement cette tisane d'aiguilles de pin et de bavarder. Vous voulez savoir pourquoi j'aime la forêt ? Vous voulez comprendre ce qu'il y a d'intéressant à y trouver ; les mousses, les champignons, ce genre de choses ? Dans ce cas, j'espère vous communiquer un peu de mon admiration pour ces écosystèmes complexes, mais si bien ordonnés. Je vous propose d'écouter ma petite déclaration d'amour à la forêt.

À l'ombre des géants

VOYEZ CES TÂCHES ÉMERAUDE qui poussent sur l'écorce du chêne. Adossez-vous à ce tronc moussu en ce début d'après-midi. Le soleil laisse filtrer ses rayons au travers des frondaisons diaphanes. Le sol n'est qu'une mer de feuilles brunes et d'îlots de verdure. Tout semble calme, immobile. Prêtez attention au ballet des moucherons, au périple des fourmis, ou bien peut-être aurez-vous la chance d'apercevoir un écureuil farfouillant dans la litière ? Un geai circule rapidement entre les arbres et l'œil ne capte que quelques plumes d'un bleu électrique. Dans le bois pulvérulent d'une vieille souche déracinée, des champignons au châtain velouté vous toisent, tandis qu'au creux des racines couvertes de terre sèche, des globules rocheux se montrent timidement. Bienvenue dans la forêt, mon espace de liberté. Le lieu où je me ressource, où je m'apaise. L'ambiance sonore, entre chants d'oiseaux et grincement du bois, cris des cerfs ou des chevreuils et bruissement des feuilles, laisse penser qu'il y règne une intense activité malgré son apparente inertie.

La forêt est à l'image d'un dictionnaire. La beauté de sa langue réside dans ses infimes variations. En la survolant, nous ne voyons qu'une masse végétale, comme des centaines de mots sur des centaines de pages. En y regardant de plus près, on découvre toutefois les trésors de sa diversité.

À nos yeux, la forêt semble un enchevêtrement incompréhensible de végétaux. Notre champ de vision est limité par la multitude d'arbres qui s'élancent à l'assaut des cieux, le sol est parfois impraticable, couvert de ronces ou de fougères qui dissimulent rocs et animaux. C'est pourtant une grande mécanique qui n'a rien à envier aux montres suisses : les mousses, les fougères, les végétaux et insectes en tout genre en sont les rouages, les roches en constituent le boîtier, l'eau et le soleil en sont les sources d'énergie indispensables. Comme toute mécanique, elle peut se gripper, prendre du retard sur les saisons ou, au contraire, se montrer bien précoce. L'intervention humaine n'y est pas étrangère, et c'est pourquoi *Homo sapiens* s'y balade, y travaille, y régule les espèces ou y commet parfois de bien vilaines choses, qui mettent en péril l'équilibre subtil de ces écosystèmes.

Au commencement, la forêt est une friche, un désert de biodiversité, un terrain nu ou abandonné. Les premiers germes de la vie s'y invitent grâce au vent, aux spores et aux graines diverses qui commencent leur lente conquête. Voici les mousses qui colonisent la roche, les fougères qui tirent parti d'un lopin de terre humide, puis les bouleaux, ces arbres à l'écorce blanche et aux brindilles violacées, qui revendiquent l'espace et y pullulent sans complexe. Se satisfaisant d'eau, de minéraux et de soleil pour toute nourriture, ils forment le groupe des producteurs de matière primaire, car ils réalisent la photosynthèse. Au cours des années suivantes, une nouvelle biodiversité végétale s'installera : charmes, chênes, châtaigniers, hêtres, pins et sapins, entre autres.

Primaires certes, mais pas primitifs. Des milliards d'années d'évolution ont gratifié les arbres d'un incroyable pouvoir de vie. Ils sont les seuls êtres vivants à n'utiliser que de la matière morte, dite minérale, pour fabriquer leur matière vivante. Ils font entrer dans le cycle de la vie le nitrate et le phosphate du sol, le carbone de l'atmosphère et l'énergie lumineuse du soleil. L'inerte devient organique. Ce processus génère des déchets, molécules dont les végétaux se débarrassent en les rejetant dans l'atmosphère. Il s'agit du dioxygène, ce gaz qui nous est indispensable…

Le cycle de la vie veut qu'avec leur croissance, ces pionniers évacuent des organes morts. Frondes, feuilles et brindilles viennent ainsi tapisser le sol. Les hêtres produisent une litière légère et craquante sous les pas, alors que les pins offrent plutôt un sol souple, tassé et silencieux. La personnalité d'une forêt se reconnaît à l'oreille, et nous dit immédiatement quels arbres y poussent en écoutant ce qui se passe sous nos pieds. Le sol est le domaine de l'humidité, où règnent les décomposeurs : petites bêtes rampantes et champignons par milliers. Ils détruiront minutieusement chaque molécule, chaque brique du vivant devenu mort pour le rendre à son état minéral. Ils bouclent la boucle, de l'inerte puisé dans le sol par les producteurs primaires à l'inerte issu des matériaux morts. De la poussière à la poussière. Ce faisant, ils enrichissent les sols et assurent à une nouvelle génération de végétaux un humus riche et fertile.

Entre les arbres, plantes, mousses, fougères et les décomposeurs microscopiques, il existe une foule d'intermédiaires. Animaux qui se nourrissent de végétaux ou consommateurs prédateurs qui se nourrissent d'autres animaux, puis prédateurs de prédateurs : plus il y a de niveaux de consommateurs, plus on considère que l'environnement est riche et la biodiversité variée. Mais tout ce qui vit doit mourir un jour et ce seront les décomposeurs qui auront le dernier mot. Ceux-là me fascinent. Ils règnent sur le royaume des morts pour ouvrir de nouvelles portes à la vie.

Les relations entre les espèces sont à la base de la compréhension de ces vastes réseaux d'interactions que l'on nomme écosystèmes. Et qu'est-ce que la forêt, si ce n'est un incroyable et gigantesque écosystème où chaque espèce est parfaitement à sa place, interagissant avec ses voisines ? Je refuse donc de voir les forêts comme des bric-à-brac de

« machins » verts et de « trucs » bruns. Les forêts ne sont pas plus inertes que les villes, et la seule raison pour laquelle on peut s'y sentir perdu est, à mon sens, une forme d'ignorance ou de mépris.

Notre ego d'humain moderne et cultivé, roi de la technologie et empereur de sa propre dépendance, nous a rendu la forêt étrangère. Elle est oubliée, rejetée par nombre de nos contemporains. Pourtant, nul besoin de posséder un doctorat en écologie ou un master en botanique pour apprendre à apprécier et à aimer les bois qui peuplent notre planète. Avec un peu d'attention, d'observation et d'écoute, on peut même déceler la personnalité propre à chaque étendue forestière.

C'est dans la découverte des acteurs discrets de la forêt que je souhaite vous convier. Nous ne partirons pas carte et boussole en main, mais nez au vent, nous flânerons à la rencontre du vivant. En comprenant d'où viennent l'eau, les roches, en prêtant attention aux plus petits végétaux comme aux plus grands des arbres, je vous invite à redécouvrir et à vous réapproprier nos bois, mais aussi, plus largement, le fonctionnement de notre belle planète, la Terre, Gaïa.

Entre la vie et la mort

PERSONNE N'A JAMAIS vu le plus grand organisme vivant au monde. Ses innombrables prolongements forent le sol de la Blue Mountain sous l'ombre inquiète des pins, des douglas et des sapins. Dévorés de l'intérieur, ces derniers tombent comme des mouches, colosses rongés par les hyphes tueuses, des filaments qui s'insinuent dans la matière et la digère. Le mal couve comme une peste invisible, réduisant en poussière les arbres touchés. Par endroits, comme des plots de signalisation émergeant du bois mort, des touffes marron foncé à la forme sans équivoque se dressent : la face émergée de l'iceberg. Ce prédateur silencieux est un champignon, l'armillaire à squames foncées *(Armillaria solidipes)*, qui occupe une surface de près dix kilomètres carrés et serait âgé de plus de deux mille six cents ans.

Fascination morbide ou juste estimation de leur toute-puissance, les mycologues vouent un véritable culte aux champignons. Et je plaide coupable ! Je les compare aux Pokémon, ces bestioles qui nous viennent du Japon. Chaque champignon se distingue par une apparence, un superpouvoir ou une intrigante spécificité. Mais les observer est plus difficile que les Pokémon, car la plupart se soustraient à notre vue. Seuls les initiés connaissent leurs mystères et leurs astuces pour passer inaperçus tout au long de l'année.

Un invisible réseau de filaments, les hyphes, rampe dans le sol. Interconnecté, communicant sans cesse, il permet l'échange d'informations entre un champignon et une plante, entre deux champignons ou entre deux arbres : l'Internet de la nature est souterrain. Le mycélium est le corps de ces êtres vivants qui ne se manifestent à la surface qu'après une bonne partie d'hyphes en l'air…

Le virus de la mycologie vous pique quand vous apprenez à reconnaître quelques champignons : ceux qui sont jaunes, ceux qui sont bruns, les violets et les orange fluo. Quelques-uns se mangent, certains ne servent à rien, d'autres sont toxiques et nombre sont mortels. Quels qu'ils soient, les représentants du monde fongique se différencient des végétaux par leur absence de chlorophylle. Sans elle, impossible de capter la lumière du soleil pour s'alimenter. À quoi bon ? Les champignons ont des goûts très particuliers : ils vivent à l'abri des regards et se nourrissent exclusivement de matière organique. Les parasites s'invitent dans le bois des arbres qu'ils rongent grâce à leurs puissantes enzymes. Les filaments mycéliens y creusent de microscopiques galeries ou suivent les vaisseaux de sève, tout en provoquant la putréfaction de la lignine, dont ils se régaleront demain.

D'autres, au contraire, s'associent aux plantes, notamment aux arbres, en échange de bons procédés. En effet, si le végétal possède un vaste système racinaire, il n'égale en rien l'étendue du mycélium, qui peut aller chercher de l'eau et des minéraux à l'autre bout d'une parcelle. Renvoi d'ascenseur, l'arbre cédera bien volontiers un peu des sucres issus de sa photosynthèse. C'est plus que du business. Ces symbioses sont si intimes qu'elles impliquent une union étroite entre les hyphes du champignon et les racines de la plante. Âmes sensibles s'abstenir, il peut même y avoir pénétration… Ces mycorhizes semblent indispensables à plus de quatre-vingt-dix pour cent des plantes. Voilà la raison pour laquelle certaines unions sont indissociables : l'amanite tue-mouches et ses quelques arbres favoris, le bolet orangé et les chênes, le laccaire bicolore avec les douglas, le polypore du bouleau avec… son bouleau !

Omniprésents, ubiquistes, les champignons s'épanouissent en forêt. Sans eux, pas de sol. Nous ne marcherions que sur un régolithe stérile tel qu'à la surface de la Lune. Cette litière forestière abondante, empilement de feuilles, branches mortes et cadavres divers, constitue une excellente source de nourriture. Ils en profitent, les saprophytes. En partie grâce à eux, cette matière organique qui s'amoncelle est rapidement dégradée en molécules simples, retournant petit à petit à l'état minéral. Le monde du non-vivant.

Les hyphes sont partout. Le mycélium n'a pour vocation que de s'accroître pour dévorer toute matière alentour et la faire redevenir poussière. Couvrant parfois des kilomètres, deux hyphes compatibles peuvent entrer en contact et se connecter, créant un nouveau nœud dans l'incroyable réseau du sol.

Plus formidable qu'une synapse, voici l'échange de noyaux. Lorsqu'une fusion a lieu, le mycélium s'agrège et développe une masse tangible depuis le néant filandreux. De l'invisible, le champignon ose s'ériger, et ce sont des structures étranges et colorées qui s'extrudent de troncs malades ou directement du sol. Organes de reproduction, les sporophores, ces périscopes émergeant d'une mer de litière, constitués d'un chapeau et parfois d'un pied, sont le Graal des cueilleurs de champignons. Ils embaument l'air de leurs effluves fongiques, égaient nos papilles lorsqu'on les sélectionne bien, se reconnaissent parfois au toucher et produisent même des sons incongrus quand leur chair est rompue. Leurs noms sont souvent descriptifs et imagés : polypore soufré, armillaire couleur de miel, russule rougeoyante, amanite citrine… D'autres sont plus cryptiques : amadouvier, langue-de-bœuf, inocybe de Patouillard, chaga !

Les champignons fascinent. Quand bien même ils sont immangeables, toxiques ou mortels, ils sont toujours originaux et utiles pour l'homme ou l'environnement. Du moins, ils sont divertissants. Le bolet radicant ? Dégoûtant ! Avec sa saveur amère qui gâcherait votre poêlée, mieux vaut le rejeter. Mais quel spectacle que de le trancher en deux pour découvrir sa chair jaune comme une tarte au citron, qui, au contact de l'air, vire au plus chatoyant des bleu azur. Vraiment pas belle, la coulemelle, avec ses écailles reptiliennes, parapluie rappelant furieusement les amanites les plus redoutables. Sans parler de la russule verdoyante au chapeau verdâtre, évoquant la putréfaction et les miasmes. Et la fistuline hépatique ? Elle est appelée langue-de-bœuf, car elle présente la même texture couverte de papilles.

Nombre de curiosités croissent silencieusement dans les bois, comme le ganoderme aplani, plus connu sous le nom poético-gastronomique de tiramisu des bois. Ce polypore forme une tablette arrondie sur les souches, une vraie plate-forme blanchâtre parsemée d'une poudre brune. Goûtez : ce n'est pas du cacao !

Voici un mystère dont seuls les champignons ont le secret : leur sporulation brune semble s'affranchir des lois de la gravité. En pleine activité, elle chauffe tellement qu'elle créerait des mouvements d'air ascendant, transformant sa semence en microscopiques montgolfières. Du moins, c'est ce qui se dit. Le mystère n'a jamais vraiment été élucidé…

Et les truffes alors ? Ces concrétions plus ou moins savoureuses que l'on trouve sous terre ou, pour le chaga, sur les arbres ? Certaines sont des sporophores déguisés et souterrains, qui doivent être déterrés et consommés par un animal qui libérera leur contenu dans ses déjections. D'autres proposent des formes de résistance à la sécheresse ou au froid : passée la mauvaise période, de nouvelles hyphes en sortiront, à la conquête du milieu environnant. Les truffes mettent donc en place des stratégies qui visent à coloniser le milieu malgré sa rigueur, si tant est qu'elles n'aient pas terminé dans le panier d'un caveur ou d'un rabasseur avisé pour la truffe du Périgord, dans le thé d'un naturopathe pour le chaga, ou encore dans le tube digestif d'un expérimentateur en mal de sensations fortes en ce qui concerne les psilocybes !

Recherchés dans les pelouses, sur les souches ou à même les bouses de vaches par certains mycologues vraiment très spécialisés, les célèbres « psilos » et leurs cousins panéoles sont de préférence consommés au soleil couchant, adossé à un tronc d'arbre. Passées les légères nausées, ils fournissent un véritable spectacle en Technicolor, supérieur à toutes les hautes résolutions modernes. Contemplation extatique des pins ondoyants se parant d'une aura ambrée sur un ciel lapis-lazuli. Enfin, je dis ça, mais vous comprenez, m'sieur l'agent, c'est le récit d'un ami… Et puis c'est interdit.

L'amanite tue-mouches est quant à elle célébrée de façon unanime sur tous les continents du globe, et utilisée depuis bien longtemps dans les rituels chamaniques. Il se murmure que les champignons hallucinogènes sont plus répandus qu'on ne voudrait le croire, et que leur implication dans l'histoire de l'Humanité dépasse le cadre de la simple expérimentation toxicomaniaque… Pourquoi ces organismes vivants et leur réseau de mycélium imitent-ils aussi bien les connexions neuronales ou la toile cosmique que les astrophysiciens décryptent à grand peine ?

Les champignons et les truffes « magiques » ont été consommés dans de multiples cultures, lors de cérémonies pour accéder à un autre plan de réalité. Ils remodèlent l'activité cérébrale pour non pas tromper nos sensations, mais les aiguiser à un point inaccessible dans un état de conscience normal. Nos ancêtres s'en servaient couramment pour établir une communication avec les défunts ; ils sont désormais utilisés en thérapie pour soigner l'angoisse, la dépression chez les patients atteints d'une pathologie terminale, l'anxiété quand il faut faire face à une fin prochaine. C'est comme si la vie et le destin des champignons ne faisaient que tourner autour de la mort : ils peuvent donner le sommeil éternel, décomposer les restes biologiques, ouvrir des voies de dialogue avec les esprits ou aider à accepter l'imminence d'un trépas.

De l'organique au minéral, des minéraux vers le végétal, c'est un sombre labeur que celui du mycélium, à devoir constamment faire passer le tout-venant d'un monde à l'autre, tel Charon faisant traverser le Styx. Entre la vie et la mort, ils sont toujours à l'interface. Sans champignon, pas de sol. Sans sol, pas de plantes. Sans plantes, pas d'écosystèmes. Les représentants du règne fongique sont les indispensables recycleurs assurant une continuité salvatrice entre les composants inertes et l'incroyable biodiversité dont notre Terre, Gaïa, a le secret depuis des milliards d'années.

Toutes ces nuances de vert

LA PLUPART DES PROMENEURS ont le nez levé vers les cimes, admirant les plus hauts pins, sapins, chênes, charmes, hêtres et châtaigniers. Ils progressent sans prêter attention aux petits organismes discrets qui se réfugient à la surface du sol et se font oublier. En cas d'égarement, peut-être seront-ils plus vigilants et chercheront-ils la fameuse mousse qui pousse au nord des arbres… pour découvrir avec stupeur qu'elle croît où bon lui semble : au nord, au sud, à l'est, sur la roche, sur la terre, sur les murs, sur les branches.

La mousse n'est pas une seule et unique espèce végétale, elle en regroupe près de vingt-cinq mille de couleurs et de formes distinctes, parant les plus vieux arbres d'un manteau élégant. Son abondance dans la forêt traduit l'ancienneté des lieux et leur apporte une touche féerique. Les plus épais couverts moussus sont accueillants et invitent à circuler pieds nus ou à s'y allonger. Parfois, la mousse pend en lambeaux depuis les rameaux des chênes. Cascade d'émeraude filandreuse, coussins fluorescents dignes de l'Olympe.

Les mousses sont des végétaux ubiquistes, ingénieurs. Elles modèlent et gèrent les environs, recouvrent les sols, sélectionnent les graines qui y germeront, captent les aérosols et les polluants, retiennent l'eau et abritent une multitude de petits animaux. Quand on veut sonner bien et précis, on les appelle les Bryophytes, c'est-à-dire des plantes terrestres dépourvues de système circulatoire. En effet, point de sève pour les mousses, qui absorbent l'eau sur toute leur surface et s'en gorgent comme des éponges. Certaines ont bien des espèces de vaisseaux conducteurs, mais ils ne sont pas lignifiés comme chez les végétaux dits « supérieurs ». Les mousses seraient-elles inférieures, attardées ? Dénigrées, ça c'est certain !

Très dépendantes de l'humidité des lieux qu'elles colonisent, un vieil adage en a fait des boussoles naturelles. Si elles fuient l'ensoleillement direct et ses rayons, c'est parce qu'elles abhorrent la dessiccation. Ainsi, on pourrait croire qu'elles fuient constamment le midi et ne se développent qu'au septentrion. Pourtant, les mousses ne sont pas si exigeantes. Elles s'installent là où l'ombre des arbres les protège, où une écorce rugueuse retient un voile d'eau, dans les cuvettes naturelles ou les bords d'un cours d'eau. Je me plais à les caresser, à les palper pour en évaluer le gonflant, le moelleux. Vous m'y verrez souvent assis ou adossé. Il m'arrive aussi parfois de les humer. Essayez donc avant de vous moquer, vous serez étonné.

Les mousses boivent la rosée grâce à leurs feuilles minuscules, dont l'épaisseur avoisine à peine celle d'une cellule, quelques micromètres. Leurs capsules qui se dressent en antennes brunes libèrent des spores qui étendront leur tapis vert bouteille. Quand elles ne se gorgent pas d'eau, elles absorbent l'air ambiant et ses composés, accumulent les polluants, les stockent et en épurent la composition. Plomb, cadmium, particules fines s'y retrouvent piégés.

Elles n'ont l'air de rien les mousses, mais leur rôle d'éponge les rend indispensables à la vie de nos bois. Marchez pieds nus et inspirez leur odeur chlorophyllienne, apaisante et purifiante. Sentez leur fraîcheur et leur pureté qui s'étend en nappes ondoyantes sous les rayons du soleil. Plongez dans un océan de verdure revigorante que vous ne trouverez que dans les bois les plus anciens et les moins impactés par l'activité humaine.

La mousse recouvrant le sol fait parfois la difficile et n'autorise la germination que de quelques graines scrupuleusement sélectionnées. Bien droites avec leur rachis rouge et rigide chez le dryoptéris, à multiples subdivisions, pennes et pennules chez la fougère aigle, imitant les palmiers dans un bouquet de frondes sublimes chez l'osmonde royale, les fougères se complaisent dans l'humidité et le tapis feutré des mousses. Compagnes des amateurs de forêt hors des sentiers battus, les fougères veillent au grain sur la litière en toutes saisons. Certaines colorent les forêts enneigées de leurs flamboyantes frondes roussies par la dormance hivernale. Témoignage d'acidité, leur rhizome rampe dans le sol et émet çà et là une nouvelle feuille ou génère des touffes, véritables oasis miniatures au milieu des tapis châtains.

Contrairement aux Bryophytes, les fougères, ou Filicophytes, possèdent des vaisseaux conducteurs qui leur permettent de développer des feuilles (les frondes), des tiges (les rhizomes) et des sortes de racines qui les ancrent dans leur substrat. Elles sont franchement étranges avec leur allure ébouriffée et leur port serpentin parfois explosif. Crosse enroulée, les jeunes feuilles s'élèvent au-dessus du sol, complètement repliées sur elles-mêmes tel un crotale prêt à bondir, pour se déployer ensuite avec l'amplitude et la grâce d'un cobra royal. La comparaison ne s'arrête pas là, car elles sont tout aussi inquiétantes. Les fougères renferment en effet un poison à base de composés cyanogènes. Malgré ce portrait peu engageant, les crosses ont notamment été consommées par l'homme, bouillies dans un mélange d'eau et de cendres qui en élimine les principes toxiques. Autre sujet d'inquiétude, les fougères hébergent de minuscules animaux pathogènes, les tiques, qui s'insinuent dans les moindres recoins de la peau. Elles s'attaquent aux chevreuils, aux cerfs, aux chiens, aux renards, aux chats, et bien sûr aux humains. Un moyen pour Gaïa de dissuader ses enfants d'aller trop souvent en forêt ?

Fort heureusement, certaines fougères sont agréables et inoffensives crues, à l'image de l'omniprésent polypode commun, qui se plaît sur les roches, les murs en pierre et parfois en épiphyte, ancré dans la mousse au creux de la branche d'un chêne. Cueillez son rhizome, épluchez-le et profitez de son goût amer et apaisant. C'est une réglisse des bois utilisée pour parfumer les confiseries d'antan.

Après les mousses et les fougères vient le groupe des plantes à fleurs (les Angiospermes), qui illustre les relations écologiques entre les plantes et la faune. Certaines se suffisent à elles-mêmes et s'autofécondent, leurs graines se déposant à leurs pieds au gré du vent ou par la simple action de la gravité. D'autres nécessitent une pollinisation active, jeu de séduction entre la fleur et l'insecte passant par là. Couleur, forme, texture, odeur, tout est mis en jeu pour attirer le parfait prétendant, celui qui viendra s'abreuver d'un nectar nourricier, inconscient que ce faisant, il sera recouvert d'un peu de pollen, les cellules reproductrices mâles de la plante. Virevoltant de fleur en fleur pour butiner, il déposera les grains microscopiques à même le pistil, orifice femelle, d'un autre végétal. Abeilles, bourdons, papillons et autres oiseaux participent ainsi au grand cycle des plantes à tels des auxiliaires de reproduction. Les organes copulatoires se doivent cependant d'être accordés : la taille du bec de l'un avec la position des étamines de l'autre, le fond d'un calice avec la longueur d'une trompe… Comme une course à l'armement de la sélection naturelle, la forme de l'un influence la morphologie de l'autre au fil des millénaires, la faune s'adaptant aux stratégies de la flore. Et les inventions ne manquent pas ! L'arum des sous-bois produit par exemple une inflorescence nauséabonde pour attirer les mouches. Nec plus ultra, l'appendice est chauffant, pour offrir un lieu de repos aux pollinisatrices. Certaines orchidées capturent les insectes, qui en se débattant pour sortir se couvrent de pollen, avant d'être libérés grâce à un petit couvercle articulé. Des papillons ne s'associent qu'avec les plantes les mieux adaptées à la morphologie de leurs pièces buccales : parmi elles, l'ortie et ses inflorescences discrètes, qui accueille pas moins de trente espèces de Lépidoptères.

Quand le pollinisateur disparaît, c'est l'homme qui prend le relais. Dure leçon que celle de la fleur de vanille donnée à l'humain entreprenant. Originaire du Mexique, exilée et réimplantée à Madagascar et à La Réunion, la production des gousses au parfum si envoûtant ne saurait avoir lieu sans pollinisation artificielle, car son pollinisateur naturel, l'euglossine, est une petite abeille uniquement présente en Amérique centrale.

La fleur est un symbole de vie. Elle égaie les parterres forestiers et les lisières de parcelles, ou trône dans les arbres à la faveur d'une invasion de lianes. Les premières inflorescences qui apparaissent au début de l'année sont notamment pleines d'intérêt. Par exemple, les chatons femelles des noisetiers, guirlandes jaune pâle pendant aux branches, sont amers au naturel, mais délicieux une fois couverts d'une couche de chocolat, réconfortants à la fin de l'hiver. Phare printanier au cœur de la forêt, les chatons du saule sont d'un jaune citron visible de loin et indiquent un sol riche en eau, préfigurant l'arbre dont l'écorce apaise les douleurs. Si les pissenlits se consomment, les clochettes violettes des jacinthes des bois se tournent vers le soleil et nous indiquent la direction du sud au printemps. La fleur est non seulement médicinale et comestible, mais elle est aussi source de nombreux enseignements pour celui qui connaît la forêt.

Dans la vaste famille des Angiospermes, les arbres sont une forme d'aboutissement. Ces plantes à fleurs ont développé un bois si robuste qu'elles peuvent s'élancer à la conquête des cieux. Comment reconnaître un arbre sans ses feuilles ? C'est la personnalité intégrale du végétal qui doit être évaluée : son écorce lisse ou rugueuse, marron ou grise, veinée ; son port globuleux, rampant, étalé ; la couleur de ses rameaux naissants… Sur le blanc de la neige ou le gris des nuages tranchent d'incroyables nuances : jeunes tiges orangées des saules, violacées chez le bouleau, rouges chez le tilleul. Observer les arbres, c'est comprendre leurs habitudes, leurs petites manies. Introvertis ou extravertis, discrets ou ostensibles, ils sont aussi divers que l'on dénombre d'espèces. Le merisier exige de s'afficher en bord de chemin, le houx vit planqué au milieu des parcelles, l'aubépine s'orne de fruits rouges durant l'hiver pour se faire remarquer.

Même les plus petits végétaux ont des choses à nous dire et un comportement particulier. L'oxalis a un pétiole rouge et rappelle le trèfle. Gorgées d'oxalates qui leur donnent un goût acidulé, ses feuilles se replient sous l'effet du soleil, comme déprimées. La funaire hygrométrique, mousse flamboyante en tapis, révèle la présence de minéraux spécifiques issus d'une combustion, qui signalent les lieux de bivouac, les anciens chantiers forestiers ou les incendies passés. Le jonc épars se dresse en filins rigides au-dessus des sols boueux, conseillant un détour pour épargner vos chaussures. Combien d'indices ont-ils à nous enseigner sur les forêts qui nous entourent ?

À mesure que l'on apprend à les connaître, les végétaux ne sont plus de simples amoncellements de cellulose, de lignine et de chlorophylle. Ils nous interpellent par leur forme, leurs teintes, leurs capacités, et nous renseignent sur la nature du sol, la vitalité des lieux, la santé de la forêt. Indics pour l'enquêteur, thermomètres pour le scientifique, les végétaux de nos forêts nous parlent. Encore faut-il apprendre à les écouter et à décoder leur langage…

Faible comme le roc

On m'a longtemps pris pour un illuminé. À la fac surtout. Ce petit gars qui admire les feldspaths, les gypses en fer de lance, les olivines et les pegmatites. L'inerte passionne peu le grand public ; pourtant, n'avez-vous jamais ramassé l'un de ces grains miroitant dans le lit d'une rivière ? L'une de ces pierres bariolées abandonnées sur la plage par la marée ? N'avez-vous jamais frappé deux cailloux ensemble avec le secret espoir de faire naître des étincelles ? Les roches sont un trésor oublié. Enterrées comme le coffre d'un pirate dans une jungle mystérieuse, elles sont partout dans la forêt, mais elles se font discrètes. Elles sont couvertes de mousse, dissimulées par la litière forestière, engoncées dans les racines des arbres qui les fracturent sans états d'âme. Crissant sous nos pas et s'insinuant dans nos chaussures, ce sont ces simples graviers sur les chemins forestiers, ou bien des chaos de boulets gigantesques trônant dans les rivières, comme une partie de billes entre géants. Elles affleurent parfois, émergeant des feuilles et des aiguilles mortes, entre deux touffes d'herbes. Cailloux ou rochers, la constitution de ces agglomérats minéraux nous renseigne sur leur origine et définira la nature de la forêt qui s'implantera à leur voisinage. Les roches dictent la composition du sol qu'elles vont permettre de former.

Ici, une étendue granitique nue comme on en rencontre sur les côtes bretonnes, où les lichens et les mousses vont s'installer en véritables pionniers. Grappillant quelques millimètres de minéraux, formant de minuscules anfractuosités, ils faciliteront l'office de l'eau : fracturation et lessivage. Dégradée sur des milliers d'années, la pierre devient meuble, laissant échapper ses cristaux en une pulvérulence fertile, matériau accueillant pour quelques plantes rases. Le tapis végétal se forme et, bien vite, quelques buissons, des bouleaux, puis des arbres de plus grande exigence comme les châtaigniers et les pins finiront par s'implanter.

Là, le calcaire est dissout microgramme par microgramme par l'eau de pluie qui ruisselle et creuse rigoles et crevasses. Les chênes, les charmes et les hêtres gagneront ces étendues, accompagnés de leurs assistants : trompettes des morts, geais et lépiotes.

La roche est modelée, arasée ou fracturée par les forces colossalement modestes de l'érosion : réduites à l'échelle d'une vie humaine, phénoménales sur des millions d'années. Les falaises de craie sont éventrées, perforées par les précipitations pour former des labyrinthes karstiques qui se terminent en gouffres béants ou en grottes obscures. Passez votre main sur les parois d'albâtre pour voir cette poudre blanche colorer votre peau. Admirez les strates et les multiples teintes de blanc qui composent ces paysages depuis les Pyrénées et le Jura jusqu'aux falaises d'Étretat. En tant qu'enseignant, bien sûr, j'ai manié la craie ; en tant que naturaliste, j'ai voulu savoir d'où elle venait.

D'où sont issus les granites, les calcaires, les grès, les dolérites et autres gneiss ? Ils semblent plus vieux que le temps lui-même. Seule certitude, au commencement était Gaïa, notre jeune planète, il y a quatre milliards et demi d'années. Un agglomérat de poussières et de météores liés, mixés et amalgamés dans un océan de magma.

Des mots sont arrivés jusqu'à nous, aussi chatoyants que leurs reflets : olivine, serpentine, diamant, quartz ou mica qui s'assemblent pour former toute la variété des espèces rocheuses que nous connaissons. Certaines paraissent bien modestes, mais leur sein peut receler des minéraux élevés au rang de pierre précieuse. Dualité toute subjective entre le vulgaire graphite qui compose les mines de crayon et le diamant, qui a pourtant la même composition chimique. Arrangement cristallin différent, conditions de formation opposées. Structure en feuillets pour l'un, lui permettant de se déliter en marquant les surface de sa teinte noirâtre ; cristal à structure cubique pour l'autre, où les atomes sont robustement liés les uns aux autres, lui conférant une dureté et une limpidité extraordinaires.

La valeur des minéraux tient souvent à leur apparence. Rubis et saphir dominent le groupe des corindons, tandis que les émeraudes ne sont que de vulgaires béryls enrichis en chrome. Appréciées aussi, les améthystes, citrines, jaspes, agates et onyx ne sont pourtant que des variations de quartz. Il existe évidemment des exceptions, comme la pechblende, minéral reconnu de tous comme particulièrement laid, voire inquiétant avec ses teintes jaunes. Oui, mais… c'est le principal minerai de l'uranium.

À l'origine de la plupart des roches terrestres, le magma est un mélange de minéraux en fusion et de gaz issu des profondeurs de la Terre. Lorsque sa température diminue, il cristallise comme un caramel liquide qui se fige, donnant naissance aux roches magmatiques : granites, basaltes et autres originalités comme l'obsidienne, qui a l'allure du verre.

La forêt nous offre une multitude d'échantillons bariolés. Voyez ce grès veiné de rouge que nous utiliserons pour délimiter le feu de camp. Regardez ce silex jaune que je viens de déterrer. Il m'a servi à battre le briquet, je l'utiliserai aussi pour découper la viande qui rôtit sur les braises.

Mises à nu face aux actions conjointes des vents, des précipitations et du gel, les roches s'érodent, se craquellent, se morcellent. Les éléments minéraux dans l'eau que nous buvons, les cristaux et les fragments charriés par les rivières s'accumulent et sédimentent. Pressurées par des milliers d'années de superposition, ces couches se consolident pour former une autre famille : les roches sédimentaires. Les sables compressés donneront ainsi les grès, les coquilles de certains coquillages formeront la craie, les boues se mueront en argiles, et que dire des étonnants poudingues, ces concrétions disparates faites de graviers, de boues et d'objets divers ? Certaines de ces roches résultent de l'accumulation d'êtres vivants désormais disparus : fougères arborescentes, plantes étranges sorties d'un rêve datant de centaines de millions d'années. Leur richesse en carbone combinée à une juste température et une pression adaptée ont permis une maturation au fil des ères géologiques, aboutissant à la formation du charbon, de la lignite, de la houille et de la plus étonnante des roches sédimentaires, fluide, noirâtre : le pétrole. Oui, le pétrole est une roche liquide.

Qu'elles soient magmatiques ou sédimentaires, les roches subissent les assauts d'autres forces encore. Si une poche de magma s'invite à leur voisinage, elles seront mijotées par la chaleur. D'un calcaire banal naîtra un marbre des plus élégants. Si elles sont enfouies par la danse des plaques tectoniques, elles subiront des contraintes colossales, se déformant et adoptant un feuilletage plus ou moins grossier. Voilà des argiles qui se transforment en un lit d'ardoises. Bienvenue chez les roches métamorphiques !

Et le silex ? Cette roche d'origine sédimentaire formée par l'accumulation de cristaux de silice se taille aisément, offrant des arêtes saillantes, tranchantes et robustes. Les bifaces étaient les couteaux suisses de la préhistoire. Ils permettaient de découper, lacérer, poinçonner, perforer, racler et dilacérer. Venez y percuter un matériau ferreux comme les minéraux de marcassite ou de pyrite, et vous obtiendrez des étincelles, lucioles d'intérêt vital. Un choc, quelques éclats, des particules de fer qui s'embrasent dans leur chute et qui propagent leur combustion à un matériau spécialement préparé, amadou ou charbon, et voici la braise ! Attisée au creux de quelques fibres végétales, de cette braise naît une épaisse fumée blanche à mesure que les herbes se consument. Au prix d'un souffle régulier et soutenu, grâce à deux matériaux inertes, naîtra le feu.

Si les roches sous nos pieds déterminent la vie de la forêt, celles dans les cieux racontent l'histoire de notre monde. Par une belle nuit sans nuages, éteignez votre feu de camp et contemplez le firmament depuis une trouée dans les frondaisons. Alors que la Terre voyage sur son orbite dans l'espace, elle traverse régulièrement des nuages de roches, des corps qui ont la taille d'une simple poussière à celle d'une grosse berline. Pénétrant dans l'atmosphère, ces roches extraterrestres s'embrasent et illuminent le ciel d'une traînée fulgurante. Parmi ces météorites, les plus grosses atteignent le sol. Enveloppé d'une croûte calcinée due à leur plongée flamboyante, leur cœur demeure à la température du vide spatial et conserve la structure de leur formation initiale. Mes préférées sont métalliques, ornées des fantasmagoriques figures de Windmanstätten, croisillons hypnotiques ; d'autres sont uniquement rocheuses, vagues imitations de nos roches terrestres. Les plus importantes cependant, et les plus intéressantes, sont mixtes. Dans un agglomérat minéral varié, on discernera des billes, les chondres, contenant des minéraux à base de silice. Peu modifiées par leur errance dans l'espace, ces météorites reflètent les bribes initiales du système solaire, ses premiers balbutiements à l'aube de sa formation. Nous sommes face aux roches originelles, aux minéraux élémentaires de la genèse de la Terre, la semence à l'origine de la création de Gaïa. Ces roches de l'espace nous permettent de dater la naissance de notre planète.

Les roches terrestres, tels les organes d'un corps vivant, appartiennent à Gaïa et en composent l'ossature. Elles bougent, se transforment, s'effritent et renaissent. Bien loin de l'inertie du non-vivant, elles ne sont que l'une des nombreuses composantes du système Terre et régissent la vie de la forêt, ses paysages, son visage et sa nature profonde.

Buvez-en tous, car ceci est Son sang

Quoi ? Vous craigniez la pluie ? Peut-être parce que je suis Breton, elle m'est bien égale. « Il n'y a pas de mauvais temps, juste de mauvais vêtements », comme on dit dans le milieu du bushcraft. Bien engoncé dans mon hamac, j'écoute les gouttes frapper le tarp, cette toile de tente légère qui me sert de rempart entre mon nid et les cieux. Une drache s'annonce. Entendez-vous les feuilles chuchoter sous le déluge ?

L'élixir de vie qui tombe du ciel, c'est l'eau qui s'écoule, qui ruisselle. C'est la nappe de brouillard en lévitation au-dessus de la rivière dont les ondoiements reflètent la lueur ambrée du soleil levant. C'est la neige qui chuchote, la glace qui crisse… et les gouttes qui tapotent la toile imperméable d'un abri !

Entre le moment où la pluie tombe sur la forêt et où cette eau divine se jette dans l'océan, les ruisseaux la collectent, les torrents la conduisent et elle agit comme une force vive de l'érosion, opérant un grand ménage sur son passage, abreuvant les sols et attirant les animaux.

Elle peut nous apparaître sous la forme d'un ruisseau ou d'un torrent qui tranche la forêt comme un coup de sabre. Mais seule l'eau blanche s'entend : le tumulte de l'écume, la mousse des rapides, le fracas de la cascade. En dehors de ces grandes agitations, elle suit son cours paisiblement, si bien que le randonneur peut l'ignorer en marchant à quelques mètres d'elle, lorsqu'elle habite des mares placides, des flaques ou des lacs au milieu des arbres. Omniprésente, l'eau se camoufle également dans les fossés, les rigoles ou les tourbières de pente, ces zones humides de dimension réduite où la gravité la condamne à stagner et à imbiber les mousses qui y séjournent. Celles-ci, des sphaignes bien souvent, viennent coloniser ce petit milieu riche en eau et, telles des éponges, s'en gorgent jusqu'à constituer un tout nouvel écosystème qui accueillera bientôt des champignons et des plantes. Parmi elles, on retrouvera souvent les étonnantes droséras, avec leurs feuilles en forme de minuscules raquettes et leurs poils rouges couverts de points de glu. Insectes s'abstenir, il s'agit de plantes carnivores qui capturent les malheureux qui osent s'aventurer sur elles. Les tourbières peuvent s'étendre sur quelques centimètres carrés au détour d'un fossé jusqu'à des kilomètres pour les plus grandes d'entre elles. Zones humides fertiles et protégées, elles sont les lieux de formation de la tourbe, un combustible d'intérêt vital pour de nombreuses populations depuis des millénaires. Étonnant, l'eau des tourbières est quasi stérile. Il n'y a presque pas de décomposition, pas de bactéries, pas de champignons pour digérer la matière morte. Vous pouvez plonger les mains dans ce tapis moussu et doux, agréable mais froid, pour prélever une poignée de sphaignes verdoyantes et presque fluorescentes, puis les presser pour boire directement le liquide qui s'en écoule. Goûtez, vous m'en direz des nouvelles !

L'eau en forêt est bien présente, mais reste souvent invisible pour les non-initiés. Elle circule dans le sol, silencieusement et souvent hors de portée, elle s'infiltre dans la matière minérale – roche, humus, tout lui est perméable –, elle s'insinue dans les anfractuosités du granite pour jaillir plus loin sous forme de fontaine… L'eau contient alors les minéraux qu'elle aura dissouts sur son passage ou abrasés à même le roc. En région granitique, l'eau propose nombre de sources d'une étonnante qualité et se montre généreuse avec les paysages. Elle lisse la roche, creuse doucement son lit, ne fait qu'agrandir des fractures au fil de millions d'années.

C'est loin d'être le cas en région calcaire, où le pouvoir de l'eau s'exprime brutalement. Avec la fougue de la jeunesse, elle modifie en quelques années des paysages antédiluviens. Elle creuse des cuvettes, des trous ou de véritables gouffres dans ces étendues de craie, de gypse, de dolérite ou d'aragonite. Le CO_2 de l'air se dissout dans la moindre gouttelette d'eau avant même qu'elle ne chute des cieux, pluie acide qui s'abat sur la roche et entre en réaction. Elle la perfore goutte après goutte, drache après drache. Elle creuse son lit sous l'action de la chimie qui dissout la roche et, puisque les petits ruisseaux font les grandes rivières, finit par former un réseau souterrain de cavités, de canyons et de boyaux où elle s'engouffre avec toute la puissance et la furie des orages. Les paysages karstiques sont le paradis des amateurs de canyoning, spéléologues et autres hydrologues (qui s'arrachent les cheveux à en cartographier les réseaux aquifères souterrains).

Bien que rampant sous nos pieds, il arrive parfois que l'eau surgisse et que la forêt s'ennoie. C'est bien connu, il ne faut jamais camper dans une cuvette ! Un jour en Bretagne, un stagiaire étourdi s'est réveillé dans une mare de boue qui avait inondé son abri. Il n'a même pas cherché à se déplacer durant la nuit… Ses affaires fichues au petit matin du premier jour d'un stage qui en comptait trois, le voilà parti pour une bonne crève.

Après la pluie, les arbres se retrouvent parfois les pieds dans l'eau. Cela ne gêne pas vraiment le saule, qui aime vivre tout près de l'élément liquide, mais il ne faudrait pas que la situation s'éternise pour la santé de ses racines. Creusez au pied d'un aulne et vous découvrirez très vite une terre grasse puis humide jusqu'à ce que le trou que vous avez formé se remplisse d'eau boueuse. Creusez au pied d'un pin ou d'un châtaignier et ce sera plutôt votre sueur qui le comblera !

L'eau circule dans tous les êtres vivants de la forêt, en particulier chez les arbres. Ils s'approvisionnent en juste quantité grâce à leurs racines et au formidable réseau mycélien des champignons. En hiver, la circulation de sève dans les arbres s'arrête. Le silence se fait sous l'écorce. Ce n'est qu'au retour des beaux jours que ce flux vital reprendra son ascension vers les extrémités des rameaux, où les bourgeons sont prêts à débourrer. Certains sont si actifs dans ce pompage qu'il est possible de s'abreuver en perforant gentiment leur épiderme. Les bouleaux sont les plus réputés pour leur « eau » aux propriétés tonifiantes, stimulantes et revitalisantes. Dès les premiers frémissements des bourgeons, il vous faudra percer son écorce blanche et prélever le liquide cristallin. Cette eau enrichie de minéraux est envoyée aux feuilles pour que l'arbre puisse réaliser la photosynthèse. C'est pourquoi cette récolte de sève brute doit se terminer par un remerciement, le rebouchage du trou et une dégustation en pleine conscience. Fraîche, légèrement boisée, à peine sucrée, cette eau est un délice. Voulez-vous y goûter ? C'est une véritable tradition que je m'applique à respecter dès le mois de février. Suivez-moi le temps d'une journée et vous repartirez avec votre gourde remplie. Patience, l'écoulement est lent, mais ce goutte-à-goutte augmente le plaisir de la dégustation ! Ou bien vous pouvez en acheter en épicerie bio, si vraiment vous êtes pressé... Mais dans ce cas, vous n'avez pas votre place dans les bois !

Les érables font également très bien l'affaire et se montrent généreux en sève brute, eau et minéraux, mais ils sont plutôt réputés pour leur sirop. Il s'agit alors de récolter leur eau, qui contient un peu de saccharose issu des stocks de leurs racines, et de la transformer légèrement en la concentrant. Ces arbres fournissent donc de quoi vous abreuver au printemps et de quoi napper vos pancakes.

L'eau est l'élixir qui imbibe chacun des végétaux de la forêt, modèle les paysages et permet aux êtres vivants de survivre. Étonnamment, elle n'est que rarement synonyme de bien-être pour nous, humains sédentarisés. La cohabitation que nous entretenons avec l'eau potable usuelle nous aura fait oublier les dangers de l'eau sauvage, celle qui charrie boues et limons, qui filtre au travers des sols pollués ou qui côtoie les carcasses en décomposition de certains animaux sauvages.

« Pourtant elle est claire ! », me direz-vous innocemment au bord d'un ruisseau, où elle circule paisiblement, sans un bruit. Il y a tout juste quelques ridules à sa surface et des gerris, ces araignées d'eau qui ne flottent que par le bout des pattes. Oui, elle est claire, mais elle devra toujours être traitée comme le suspect d'un crime qui n'a pas encore été commis. La pollution de l'eau et ses déclinaisons (schistosomiase, giardiase, choléra) sont responsables de centaines de milliers de morts chaque année dans le monde.

Entre visible et invisible, retenons que trois catégories d'éléments nous empêchent de profiter immédiatement de l'eau dans nos forêts. La turbidité colore l'eau et en diminue la transparence, elle saute aux yeux et quiconque aura déjà récolté un liquide opaque, blanc, brun, verdâtre ou granuleux s'en sera refusé la boisson. Pour l'éliminer, il faut la filtrer. Contre les parasites divers, tous microscopiques, une seule solution : l'ébullition. Enfin, fruits de la chimie moderne, de l'exploitation des sols et des mines, les métaux lourds, les pesticides, les herbicides, les engrais et autres joyeusetés nous intoxiquent, et sans doute nous font mourir à petit feu. Extrêmement difficiles à éliminer, ils sont omniprésents dans les cours d'eau du monde entier.

En randonnée, même égaré et assoiffé, prenez toujours le temps de purifier l'eau. Je ne pars jamais sur le terrain sans ma paille filtrante, précaution qui m'aura sauvé la vie à Madère. Ma compagne et moi, trompés par une carte topographique erronée, avions épuisé nos ressources. Un comble pour le pays des *levadas*, ces cours d'eau aménagés en bord de sentier ! Une flaque de boue, une paille filtrante, et nous voilà désaltérés, littéralement sauvés.

Les torrents se chargent de sédiments, déplacent des blocs rocheux encore anguleux avec une puissance titanesque. Les ruisseaux, plus calmes, déposent doucement ces alluvions et se tapissent de galets bien érodés. Ce qui est charrié par un cours d'eau et les pierres visibles dans son lit nous renseigne donc sur la distance aux reliefs qui l'ont vu naître. L'âge de la rivière peut en quelque sorte se lire dans les pierres.

Quand on sait qu'un cours d'eau naturel ne peut rester rectiligne sur une distance dépassant dix fois sa largeur, on comprend que l'eau creuse, abrase et incise. Les rivières modèlent leur lit à la faveur des crues et de leur labeur quotidien. Elles forment des vallées, des canyons parfois. Même d'aspect solide, l'eau poursuit son œuvre. Les glaciers se déplacent et s'écoulent. Ils emportent avec eux des roches, broient le substratum qui les supporte en le marquant d'une empreinte définitive. En se retirant, avec les années et le réchauffement du climat, ils libéreront de vastes vallées à la forme identifiable entre toutes. Les glaciers modèlent des vallées en U ; les rivières incisent des vallées en V.

L'eau est merveilleuse parce qu'elle enjolive nos sorties. Elle inonde de boue le sol des bois ou recouvre l'ensemble du milieu d'un manteau blanc accueillant. La pureté de la neige sous les frondaisons s'accompagne d'un drapé silencieux qui maximise l'immersion dans un bain de forêt lumineux et féerique. Sous la neige naît un monde nouveau, quasi onirique, où chaque animal laisse une empreinte visible, où chacun de mes pas s'enfonce dans une poudre légère qui crisse dans la quiétude ambiante. Les feuilles se couvrent de grésil et la vapeur s'invite à la surface du ruisseau. L'eau est partout, elle baigne la vie tel un liquide fertile qui ruisselle à la surface de la Terre, qui épure les paysages, qui nourrit les sols. Plasma naturel s'écoulant dans les artères et les veines souterraines de notre planète, elle est le sang de Gaïa.

Toutes les forêts du monde, tout un monde dans les forêts

DANS L'ATMOSPHÈRE SUFFOCANTE de la jungle thaïlandaise, la moiteur et la chaleur vous donnent l'impression de respirer du sirop. Les feuilles caressent vos jambes et vos bras. Vous devez vous couvrir le visage pour traverser les branchages de diverses espèces de plantes exotiques entremêlées. La phobie des serpents – un véritable séisme – vous traverse le corps lorsque la guide indigène montre une femelle crotale des bambous lovée sur une branche. Plus loin, des plants de caféiers se sont échappés des parcelles cultivées. Éloignez-vous de quelques mètres du chemin indiqué, fermez les yeux et tournez sur vous-même. Vous êtes perdu.

J'aime cette sensation. Être perdu. Voilà qui me change de la certitude monotone que j'éprouve dans nos forêts françaises : j'entends le parking à quelques centaines de mètres, je vois cette hideuse antenne réseau (mal) déguisée en arbre, cette tour d'émission radio au loin… Être perdu, c'est pour moi le début d'une merveilleuse aventure dans laquelle ces heures, ces jours, ces semaines passées dans la nature trouvent leur raison d'être. Drôle d'expérience et moment grisant que d'être égaré dans une forêt inconnue à l'autre bout du monde, avec le sac sur le dos et l'eau potable en quantité limitée. En prêtant l'oreille, vous entendez toujours le chuchotement d'un torrent, mais vous ne savez plus où est le soleil dans le ciel embrumé. La lecture du paysage, les sens qui s'aiguisent : vous repérez une coulée orange sur un arbre qui vous rappelle l'érable. Une traînée de lichen exactement comme on peut en voir en France sur les charmes. Ces algues ne s'installent que du côté du tronc le moins exposé au soleil et indiquent alors le nord avec une précision étonnante. Très vite, tout devient logique, car sur la carte à l'entrée du parc naturel, vous aviez repéré une rivière s'écoulant vers le sud qui vous ramène au village. Après quelques recherches sur Internet, il s'agissait bien d'un érable au bord de l'eau, une variété locale, mais un érable néanmoins, un érable rouge.

À l'autre bout du monde, pour celui qui est habitué aux forêts, il n'y a pas d'étrangers. Les arbres forment une grande famille dont vous visitez quelques lointains cousins. Ils sont plus grands, plus colorés, leur écorce est davantage texturée, elle accueille d'étranges épiphytes comme les orchidées. Néanmoins, l'air de famille vous conforte, vous rassure, vous vous sentez presque comme à la maison, même aux antipodes.

Les forêts de l'Ouest américain nous sont plus familières, plus acides également. Sous les impressionnants séquoias, on trouve quelques pins, quelques buissons de myrtilles et de framboises. Dans le parc du Yosemite et ses vastes vallées glaciaires, une faune bien différente de ce que nous connaissons nous accueille : cerfs-mulets et serpents à bagues colorées. Le Zion canyon, dans l'Utah, est une forêt sèche et odorante rappelant le maquis, alors que sous le soleil écrasant de Californie, les arbres de Josué et les cylindropuntia hérissés de redoutables piquants du parc de Joshua Tree transportent dans un univers de science-fiction.

Norvège maculée de neige éblouissante, enchevêtrements de sapins aux larges appendices pendants : l'obscurité règne dans les forêts boréales. Avec leurs haillons d'aiguilles, ils moissonnent les rayons du soleil rasant aux hautes latitudes et empêchent la lumière d'arriver au sol. Sous les conifères, le jour se fait court, semi-pénombre dans les effluves de résines. Çà et là, hors oasis d'aiguilles sombres, quelques bouleaux s'implantent les pieds dans la neige et se nourrissent de l'ensoleillement parcimonieux propre aux terres boréales.

D'un lieu à l'autre de la planète, chaque espèce est à sa place et chaque forêt s'enracine selon trois paramètres immuables : ce qui est puisé dans le sol, la lumière reçue du ciel et l'exposition aux vents. Trois facteurs qui amènent les forêts à s'organiser en populations mixtes, imprimant leur variété dans le paysage et donnant aux lieux une personnalité propre. Marchez sous les hêtres par un froid matin d'hiver, et vous entendrez sous vos pieds le craquement des feuilles sèches. En automne, vous y trouverez avec plaisir des trompettes de la mort, délicieux petits champignons en forme de tube évasé, noirs et cendrés. Traversez un bois sombre de douglas ou d'épicéas, et vous pourrez sentir vos pas s'enfoncer dans la litière tendre, souple et silencieuse. Il y règne une étonnante humidité tant le sol se comporte comme une éponge. Quelques effluves nauséabonds de la dégradation des matières organiques acides viendront chatouiller votre odorat. Sous les bouleaux, ce sera un enchevêtrement de jeunes pousses, de ronces et, à l'automne, des amanites tue-mouches qui déploient leurs ombrelles rougeoyantes piquetées de blanc.

Avec l'habitude, la synesthésie s'invite dans nos balades et l'on identifie immédiatement une forêt au bruit que l'on produit en y circulant, les pieds sur la litière, ou à son odeur. La fermentation des chênaies-hêtraies, l'acidité des résineux, le bouquet floral des charmes abattus, la senteur vinaigrée d'un chêne tronçonné.

Et les animaux me direz-vous ? Leur présence rassure, émerveille, rappelle que la forêt est un lieu de vie foisonnant. Ici, le plumage bleu électrique d'un geai trahit la présence de chênes aux alentours et, par extension, l'âge avancé des lieux. Là, un chevreuil prend la fuite lorsque nous approchons d'un buisson de ronces asséché au cœur de l'hiver.

Vous voilà bouche bée devant la grâce d'un simple mammifère, habitant permanent des milieux forestiers. Pour observer la faune, il faut s'immerger.

Au loin, vous apercevez un arbre paré de flocons jaunâtres avec des branches élancées : un saule. Ces arbres aiment l'eau à tel point qu'ils s'enracinent à proximité des mares. Les traces et les empreintes animales se font plus nombreuses dans sa direction, car renards, sangliers et autres ongulés vont s'y abreuver. Au-dessus du plan d'eau, sur l'une de ses branches, on aperçoit une boule de plumes grises et un long bec pointu de couleur orangée qui tranche avec la boue et les fourrés vivotant sous le grésil. Le héron a choisi ce lieu pour s'y reposer.

Par la lecture du paysage, l'écoute et l'odorat, la forêt révèle ses trésors et ses ressources. Le néophyte dans l'art du bain de forêt n'y verra que du vert, du brun, un fouillis de branchages et de tiges non identifiées. Sans une réelle volonté de s'y fondre, toutes les forêts du monde se ressemblent et ne diffèrent peut-être que par leur vibrance, leur saturation et leurs couleurs. C'est le vert émeraude des forêts humides d'Amérique du Nord, le vert asperge des maquis asséchés, le vert bouteille des bois envahis par le lierre et les ifs, le vert irlandais de Brocéliande, soumise à la mousse.

Entre les jeunes parcelles, tout juste émancipées de leur passé de friche, et les forêts âgées où sont enracinés des arbres vénérables, c'est tout un cycle de succession qui va modifier la personnalité de la forêt. On parle de cycle sylvigénétique. Au fil du temps, un même espace deviendra méconnaissable comme un bambin se muant inexorablement en vieillard. Cette régénération a lieu simultanément en différents endroits de la forêt, à la faveur de la chute d'un arbre, d'un incendie, d'une coupe réalisée par les hommes. La nouvelle trouée permet de redessiner le profil des lieux et relance la compétition entre les espèces. La Terre possède une grande capacité à se soigner elle-même et la forêt retrouve progressivement son visage d'organisme vivant qui guérit au fil du temps.

Arrêtez les exploitations et Gaïa pansera ses plaies. Les étendues vertigineuses de coupes à blanc, les sols stérilisés par la sylviculture et retournés par les machines-outils se repeupleront progressivement, lentement mais sûrement. D'un terrain nu à l'humus apparent naîtront des colonies de mousses, de fougères et de végétaux peu exigeants en azote. Puis les arbres pionniers s'implanteront avec toute la vigueur qui les caractérise. On y retrouve des essences à bois creux comme le sureau ou tendre comme le peuplier tremble. Les bouleaux sont presque considérés comme de mauvaises herbes tant ils s'installent facilement sur une terre nouvelle, en pleine exposition solaire. Solitaires d'abord, n'ayant pas besoin de l'ombrage des voisins pour exister, ils préparent le terrain à la génération suivante.

Les essences secondaires ne s'inviteront que si elles y trouvent des conditions d'ensoleillement et une richesse du sol qui leur correspond. On y retrouve les tilleuls, les merisiers qui exigent de pousser en bord de parcelle, près des chemins, les frênes, les sorbiers, les érables également. Certains arbres vont préférer l'obscurité de la canopée et commenceront à s'implanter alors que la forêt gagne déjà en densité : ifs, lauriers ou certains petits rhododendrons. Ces arbres d'ombre sont trahis par leur feuillage particulièrement sombre. Ils s'accompagnent d'une installation de la faune qui est proportionnelle à la richesse de l'écosystème en nouveaux végétaux.

Enfin, certaines essences tireront leur épingle du jeu, pariant sur l'avenir, en envahissant le milieu de façon insidieuse. Un hêtre se hasarde à pousser ici. Une fois matures, ses graines tomberont à ses pieds et c'est tout un peuplement qui commencera à dominer les lieux. Privant de lumière ses prédécesseurs, la parcelle devient étrangement monotone avec de longs fûts dressés vers le ciel et une litière qui croustille sous les pas. Le hêtre aura gagné le combat, le conflit pour la lumière. Sapins et épicéas cherchent quant à eux à conquérir les milieux froids ou montagneux. Les houx et les ifs vont progressivement se multiplier sous la canopée et tenter également de remporter les territoires.

La personnalité de nos forêts évolue dans l'espace, mais également dans le temps. Allez à l'autre bout du monde pour faire connaissance avec de nouvelles essences, de nouvelles populations hébergeant des animaux et des champignons étrangers. À domicile, visitez régulièrement les bois alentour pour les voir grandir, maturer, souffrir parfois, mais aussi se régénérer. Le visage des parcelles se modifie sans cesse, jour après jour, saison après saison. Mettre un pied dans la forêt, c'est l'assurance d'y rencontrer la nouveauté, l'inconnu, les changements incontrôlables dans une succession d'innovations et de remplacements. La forêt ou la marche infatigable et incoercible du progrès : celui de la biodiversité.

Les arbres, la forêt et nous

C'ÉTAIT ÉCRIT, ce silex allait me servir à allumer notre feu ! Ajoutons des branches de pin. Gorgées de résine, elles nous illumineront pendant quelques minutes. Vous reprendrez bien un peu de cette tisane de plantes sauvages ? Menthe, lierre terrestre et ortie. Alors posez doucement la bouilloire sur le foyer. Et admirez.

Les escarbilles virevoltent dans l'air de la nuit comme des lucioles incandescentes. Dansantes sous les frondaisons noires, elles s'épuisent et meurent au-dessus du feu de camp sur lequel glougloute une gamelle d'eau. Le bois crépite, craque et éclate, les charbons rougeoient, bien contenus par les parois de pierres délimitant le brasier.

La lune éclaire faiblement le ciel, auréolée de brume, tandis que des chouettes poussent des cris dans le lointain. L'abri est monté, toile de tente tendue entre deux troncs, un sac de couchage glissé dans un hamac.

Le bivouac en forêt connaît un regain de popularité. Stimulés par des émissions télévisées de « survie », certains apprentis baroudeurs se plaisent à s'enfoncer dans les bois au crépuscule pour y vivre – un peu – comme nos ancêtres. Veillée à la flamme, nuit au milieu des arbres, ainsi se décrit l'art de vivre dans les bois (ou bushcraft). Les pratiquants y réapprennent à vivre en bonne harmonie avec leur environnement. Ils y découvrent les plantes sauvages comestibles et médicinales, les champignons utiles, les différents arbres pouvant apporter des ressources nécessaires à la vie en plein air. Une tente, une parcelle boisée : vous voilà suffisamment équipé pour tenter cette expérience nouvelle et déstabilisante dans notre rapport au temps, à la technologie, au confort aussi.

Mais ne nous trompons pas, les forêts françaises sont pour la plupart gérées et ne présentent pas les caractéristiques d'un milieu purement sauvage. En témoignent ces chemins rectilignes, routes carrossables ou pistes cahoteuses qui les morcellent.

Des forestiers les parcourent, des camions les sillonnent pour venir chercher les ressources profitables. Les parcelles de grande valeur aux yeux des investisseurs sont celles peuplées de chênes centenaires ou de hêtres au bois dense, robuste, imputrescible pour la construction. Les châtaigniers sont appréciés aussi, à l'inverse du bouleau, relégué en bas de l'échelle économique.

Les travaux forestiers conduisent à de bien étranges choix. Afin de favoriser la pousse de certaines essences à forte rentabilité, on assiste à la coupe d'espèces qui s'étaient installées à la faveur des cycles naturels. Exit les merisiers, les frênes, les ifs et les houx. Ici, on favorise le chêne et le charme, là, le pin. On recherche le bois bien formé, le bois bien élevé.

Sur le terrain, cela se traduit par des armées de tronçonneuses, des camions qui marquent et retournent la terre de leurs énormes roues en formant des ornières qui se gorgeront d'eau. Un champ de guerre. Terrain impraticable. Ne restent que quelques survivants en sursis, qui attendent leur mort certaine. On leur accorde du répit jusqu'au jour où leur diamètre les rendront intéressants aux dents des scies et où ils rapporteront un petit pactole avant de finir en plateau de table chez Ikea.

Un panneau vert rédigé par nos ingénieurs forestiers prépare les esprits : « Ici, un chantier durable pour la forêt de demain. » Vous verrez fleurir ces publicités mensongères dès lors qu'un grand projet d'urbanisme naîtra dans les environs. L'homme s'engage à replanter chacun des arbres coupés. Sur ce terrain vague en effet, de jeunes arbustes ont été plantés. Quelques mois auparavant, des chênes, des charmes et des hêtres trônaient sur ces terres. Ils abritaient des houx et des ifs, des bouquets de fragon et quelques lauriers. J'avais observé une famille de chevreuils qui gambadait et découvert un monstrueux ganoderme aplani, un champignon faramineux. L'homme a tout coupé et replanté une population déplacée. Mais le compte n'y est pas. Je ne suis pas professeur de mathématiques, mais il me semble qu'une addition qui commence par une soustraction engendre des problèmes. Heureusement, des voix s'élèvent face à la logique purement bureaucratique et déconnectée des réalités écologiques. L'exploitation des forêts est une activité ancestrale chez l'homme, mais nous devons le faire avec tout le tact et la délicatesse qui sont dus à ces écosystèmes.

Sur les sentiers, à quelques mètres à peine des routes principales, ce ne sont pas les arbres que l'on enlève à leur habitat qui font peine à voir, mais les déchets, gravats et décharges sauvages. Tel un amendement indésirable, ils empoisonnent les sols et en modifient les caractéristiques.

Et que dire de la déforestation qui, à l'échelle de la planète, amène son lot de plaies et de drames ? On balafre pour le bâtiment, on tronçonne pour l'ameublement, on sectionne pour la pâte à papier, on cisaille pour la pâte à tartiner. Si l'huile de palme est aujourd'hui si décriée, au-delà de son impact sanitaire catastrophique, c'est surtout en raison des conditions de culture des palmiers à huile, qui entraînent la destruction de l'habitat de milliers d'espèces et le déplacement des grands mammifères. En Indonésie, chaque minute, ce sont l'équivalent de six terrains de football qui sont coupés à blanc et remplacés par des palmiers à huile.

Dans ces pays lointains, en Amazonie ou près de chez moi, la monoculture menace notre planète, comme un nouvel épieu dans une plaie ouverte sur le corps de Gaïa. Ils ont replanté, mais ils auraient dû compter, car j'y reviens, le compte n'y est pas. Le seul compte qui vaut à leurs yeux est celui des essences qui rapportent, tel un bétail immobile et soumis. Alors plantons des chênes à perte de vue. Au fil des saisons, la parcelle est repeuplée, la terre cicatrise. Les digitales envahissent les lieux, leurs graines ne pouvant germer que sur un sol léger et aéré. Quelques molènes et chardons s'invitent à la fête, des bouleaux s'installent aussi. Et au milieu de ce capharnaüm de plantes sauvages, les petits chênes malingres restent bien discrets, comme s'ils avaient été parachutés en territoire hostile. Certains sont déjà morts après quelques semaines engoncés dans le treillis métallique censé les protéger contre les animaux. Quels animaux ? La plupart ont fui ce paysage de friche.

Pot de fer contre pot de terre. Multinationales *versus* amoureux de la forêt. Pas de limite aux concerts de tronçonneuses, alors que le bushcraft est officiellement proscrit dans les textes. Le paradoxe est grand pour les pratiquants, les passionnés de forêt qui se soucient de leur passage au point de ramasser les déchets d'autrui et de camoufler toute trace de leur visite. Ils enterrent le papier hygiénique et soignent chacune de leurs récoltes pour favoriser la repousse de la ressource. Et si le garde forestier intervient, ils pourront le mettre au défi de retrouver trace du campement, quand dans le même temps de véritables *arboricides* ont lieu à deux ou trois parcelles de là. Le garde forestier le sait, il est désolé, résigné… un peu honteux.

La forêt nous offre beaucoup, et notamment ses gisements de remèdes naturels. Les branches de saule à passer au mortier contre la fièvre et les douleurs ; les cataplasmes de consoude pour les troubles musculaires ; la ronce et la framboise pour les maux de gorge. Paradoxe là encore : l'industrie pharmaceutique capitalise sur des savoirs ancestraux de tribus primitives vivant de la forêt. Se soigner grâce aux ressources de la forêt, mais en même temps la détruire.

Avec la disparition des bois aux quatre coins du monde, Gaïa étouffe. Nous contractons chaque jour une dette envers notre planète. Et lorsque Gaïa demandera son solde de tout compte, ferons-nous amende honorable ? Aurons-nous emprunté un autre chemin ? Offrons à tous la possibilité de jouir de nos forêts sans entraves. Autorisons les curieux à y séjourner, à y camper. Laissons quelques parcelles vivre leur cycle sans intervention humaine, en jachère volontaire, bénéfique et pérenne. Alors peut-être comprendrons-nous qu'un autre système est possible. Une vie plus sereine, avec d'autres objectifs économiques, simplement dictée par le rythme des saisons et des besoins fondamentaux.

Gaïa a nourri et soigné l'Humanité depuis la nuit des temps. Mais ses enfants l'ont abîmée en deux siècles à peine. La nature reprendra ses droits un jour ou l'autre. Et n'en doutons pas, plus les affronts de l'homme seront violents et irréfléchis, plus le retour de bâton sera sévère.

Ils s'abreuvent au zénith

REMARQUEZ COMME ce chêne domine les lieux. Il était là bien avant nous. Installé ici depuis près d'un siècle, il veille sur les environs comme un vénérable ancien. Laissez-moi vous parler de son histoire.

L'alternance du jour et de la nuit, les rayons solaires qui dispensent la lumière nécessaire à la vie sur Terre : elles n'attendent que ça, nos forêts. Luminosité, ultraviolets ; chaleur, infrarouges. L'étoile autour de laquelle orbite Gaïa fournit aux plantes l'énergie qui leur est indispensable pour se développer, se reproduire et conquérir de nouveaux milieux. Mousses, fougères, plantes à fleurs, arbres divers, qu'ont-ils tous en commun ? Le vert et ses mille nuances qui s'invitent dans la palette de la nature. S'ils ont cette coloration, c'est en raison d'un pigment : la chlorophylle.

La forêt est faite de végétaux qui investissent les lieux et s'y développent dans le but de remporter une virulente compétition pour une seule et unique ressource : la lumière. Deux arbres sont ainsi capables de se livrer une lutte acharnée et sans merci pour grimper l'un plus haut que l'autre à la recherche de ce bien précieux. C'est une histoire de course effrénée et parfois de terrible roublardise qui rend certaines espèces dominantes sur une parcelle. Le hêtre est, de ce point de vue, un arbre fort malin ou, le plus souvent, fort mesquin. Amusons-nous à étudier la croissance de deux graines germant au même moment.

Un geai des chênes portant bien son nom virevolte entre les troncs, un gland dans son bec. Alors qu'il survole une parcelle (presque) à nu, il laisse échapper son repas par mégarde. Le fruit du chêne chute, rebondit, roule sur la litière et devient le nouveau voisin d'un autre organe de reproduction, la faîne, produite par le hêtre. Les deux fruits permettront à la graine qu'ils contiennent de survivre à la mauvaise saison, dormance qui ne sera levée que lorsque les conditions seront idéales. En temps voulu, l'eau réveillera les embryons progressivement. Une radicule perce la carapace de chaque fruit et s'enfonce dans le sol. Deux feuilles primordiales et gorgées de réserves sucrées, les cotylédons, se déploient à l'exact opposé. L'amidon qu'elles contiennent est progressivement consommé jusqu'à ce que la petite pousse soit capable de se débrouiller seule, en autonomie, grâce à la lumière du soleil. La photosynthèse est engagée, les deux jeunes plants commencent à pousser. Chêne et hêtre au même niveau, presque jumeaux, mis à part la forme de leurs feuilles nouvelles. Bien sûr, dans leur prime jeunesse, ils sont tous les deux vulnérables aux intempéries, au piétinement, au broutement, à l'arrachage. C'est qu'il leur faut un peu de chance pour se développer. Et à ce jeu-là, le chêne tire son épingle du jeu… Sous les rayons du soleil, c'est lui qui photosynthétise le mieux et qui pousse le plus vite. Il étend sa frondaison rapidement, envahissant l'espace. Gracile et frêle, le hêtre reste en retrait et ne peut qu'assister à l'ascension irrésistible du futur roi des forêts.

Le chêne épaissit sa tige gorgée de lignine qui devient tronc, le bois qui fait sa valeur. Bientôt, il s'érige de quelques mètres et devance de loin son camarade, qui accuse un retard notable. Mais comme le dit la fable, rien ne sert de courir. En grandissant, le chêne s'abreuve de lumière. Il étend ses branches et ses feuilles pour mieux accaparer encore les rayons du soleil et projette son ombre au sol. Ce faisant, il prive de nombreuses essences de cette ressource indispensable. Les bouleaux et les sureaux dépérissent sous sa frondaison. Ils meurent assassinés. Occis par Sa Majesté des bois s'arrogeant le droit de vie ou de mort sur les manants du sol forestier.

Le chêne semble invincible, indélogeable. Mais c'est sans compter sur le hêtre, parce que le hêtre, l'ombre, ça le connaît ! À vrai dire, il n'apprécie guère le plein soleil lorsqu'il est jeunôt. Les rayons ultraviolets et l'énergie lumineuse, c'est bon cinq minutes, mais sa croissance est dictée par de curieux mécanismes propres aux végétaux les mieux adaptés à leur environnement. L'obscurité, pour une plante, signifie la mort à petit feu. L'ombre en revanche déclenche une réaction fulgurante et salvatrice.

Pour éviter de finir comme ses camarades tombés au combat, le hêtre voit sa croissance verticale s'accélérer, quitte à être économe sur son diamètre. Un arbre, en effet, ne grandit que de deux façons : par extension de ses rameaux pour la hauteur ; par épaississement de son bois pour son diamètre. Plantez un clou sur le tronc d'un arbre adulte à hauteur de vos yeux. Malgré le tassement de vos vertèbres et la courbure progressive de votre échine, le clou sera toujours à la même hauteur d'ici cinquante ans. En revanche, il risque d'être progressivement recouvert, intégré par l'arbre comme un corps étranger absorbé par un globule blanc.

Sous la pénombre, le hêtre mise donc tout sur son élévation dans le but de s'affranchir de ses concurrents. Un peu long à la détente, certes, mais sidérant de réactivité, il s'élance à l'assaut des cieux et dépasse bien vite son voisin. Alors, il déploie ses branches et ses feuilles, met en route la machinerie solaire, rattrape son retard, prend de l'embonpoint et accapare la lumière si convoitée.

Alors, le chêne meurt. Combat honorable, bataille à la loyale. Pourtant, ce n'est pas toujours le cas, et bien souvent, les graines de hêtre germent sous les frondaisons des chênes qui les cajolent et les protègent des rayons agressifs du soleil lors de leurs premières saisons. Puis elles grandiront et priveront leurs protecteurs de l'indispensable ensoleillement. S'il ne tue pas exactement le père, le hêtre s'accapare ainsi une parcelle. Ses faînes tomberont à ses pieds en masse pour bénéficier de sa propre ombre, mais aussi de celle des arbres alentour, lesquels finiront par être privés eux aussi de lumière et céderont la place à ce qui ressemble, à l'échelle de dizaines d'années, à une espèce invasive, roublarde et colonisatrice.

Avec ses fûts bien droits, le hêtre domine ainsi les vieilles parcelles. Ses feuilles s'abreuvent de photons pour réaliser la photosynthèse, réaction chimique nécessaire à la vie des végétaux et, par extension, à l'ensemble de la vie sur Terre. Les cellules foliaires, observées au microscope, révèlent bien vite de petites formes patatoïdes se baladant gaiement dans le liquide cellulaire. D'un beau vert émeraude légèrement translucide, il s'agit des chloroplastes. Ces drôles d'organites renferment la fameuse chlorophylle, la molécule capable de capter l'énergie solaire et permettant d'associer les sous-produits du dioxyde de carbone avec ceux des molécules d'eau. Il en résulte des substances vitales pour la plante, sucres permettant de faire fonctionner toutes les autres cellules non photosynthétiques. La plupart des réactions chimiques produisent des déchets. La photosynthèse ne fait pas exception à la règle, elle rejette une molécule qui nous est vitale : le dioxygène.

On pense à tort que les forêts sont les poumons de la Terre. Bien sûr, le taux de dioxygène de l'air y est supérieur aux lieux moins densément peuplés d'arbres. Néanmoins, les océans, dans leur couche superficielle abritant bactéries et phytoplancton photosynthétiques, présentent une surface d'échange colossale avec l'atmosphère et contribuent majoritairement à l'absorption du dioxyde de carbone et au renouvellement du dioxygène.

La photosynthèse représente l'une des plus astucieuses stratégies du vivant pour subsister en milieu hostile. Les végétaux n'ont besoin que d'eau, de minéraux, d'air et d'un peu de soleil pour se maintenir en forme, pour grandir et se reproduire. C'est ce qui leur a permis de conquérir presque tous les milieux. Presque.

Leur plus grand échec restera définitivement leur incapacité à s'implanter aux pôles. Pourtant, il y a de l'eau en quantité ! Oui, mais gelée. Impossible à pomper. Et puis, la lumière y fait défaut durant l'hiver. Les plus téméraires s'installent dans les forêts boréales et ont développé des stratégies pour y survivre : tissus enrichis d'antigel, mise en dormance de la circulation, port en drapé vertical pour récupérer les rayons du soleil rasant, port ras pour éviter les vents glacés arasants… Cela n'empêche pas, hélas, d'entendre par moment une déflagration dans la forêt silencieuse. Un coup de pétard suivi d'un terrible craquement, comme un os gigantesque qui se fracture. Sous l'effet du gel de leur sève, certains arbres voient en effet leurs tissus conducteurs se rompre, leur écorce se fendre. Éclatement qui, selon la gravité, leur sera fatal ou non. Il n'est pas rare d'observer ainsi des gélivures sur les arbres de nos forêts lorsqu'un redoux trompeur les sort de leur torpeur. La sève reprend son ascension, puis une nouvelle période de gel vient tout dérégler. L'eau se solidifie, occupe plus d'espace qu'elle n'en a et fissure l'écorce. Ce phénomène marque le plus souvent le côté sud des arbres, le plus ensoleillé et donc réchauffé dans la journée. Le plus vulnérable aussi à un nouveau coup de froid. Boussole naturelle en forme de balafre.

Besoins et tolérances variables à l'ensoleillement amènent donc les arbres d'une même parcelle à de véritables guerres civiles, intestines, rampantes et ne se soldant qu'après des dizaines d'années par la mort de tel ou tel individu. Il n'empêche, certains s'accommodent bien de l'ombre comme l'if, le houx ou les plus modestes rhododendrons et le laurier. Ce sont des arbres d'ombre, d'obscurs personnages qui se tapissent sous la canopée, au cœur des parcelles. Ils détestent se montrer en bord de chemin, se réfugient sous les chênes, les charmes ou les hêtres, et se contentent de proliférer en se gardant bien de prendre de la hauteur.

Comment différencier en un clin d'œil un arbre avide de lumière comme le bouleau d'un arbre d'ombre comme le houx ? La lumière a cette particularité fantastique qu'elle est de nature dichotomique : onde et matière à la fois, pluie de photons s'abattant sur la forêt comme une poudre blanche étincelante. Une partie de ces particules est absorbée par les feuilles, par la chlorophylle qui se charge de transférer son énergie à la réaction de photosynthèse. Le restant est simplement réémis, il rebondit sur la feuille pour venir se loger sur notre rétine, où les cônes et les bâtonnets transmettront l'information au cerveau. Plus une plante est capable d'absorber des photons, plus elle survivra facilement dans l'ombre de ses congénères. La couleur des feuilles est donc un excellent indicateur et les arbres d'ombre ont des feuilles plus sombres que leurs voisins.

Feuille d'ombre, feuille de lumière, c'est aussi vrai sur un seul et même arbre. Comme une marque de bronzage sur la peau, la teinte du feuillage d'un arbre varie avec l'exposition. Trouvez un arbre isolé, récoltez en quelques feuilles à la même hauteur, et voyez le côté sud plus clair que le côté nord. Boussole naturelle comme un nuancier.

Brunissement et pourrissement, chute des feuilles emportées par le vent, l'automne finit toujours par arriver. Pour beaucoup de feuillus, c'est l'heure d'entrer en dormance. Avec la raréfaction de la lumière, les chloroplastes ne peuvent plus remplir leurs fonctions et s'étiolent. La couleur des feuilles change, vire au jaune, puis à l'orange. Certaines rougissent par pudeur d'être ainsi déshabillées de la chlorophylle, premier pigment à pâtir du manque d'ensoleillement. Se révèlent alors les seconds couteaux, les molécules qui captent également la lumière du soleil, mais qui sont reléguées à un statut accessoire : caroténoïdes donnant une teinte orangée, anthocyanes qui tirent vers le rouge. Ces derniers pigments se dégradent plus tard, teintant les forêts d'automne d'une palette d'or, de cuivre, d'ocre et de rubis. Tout dépend des proportions, savants mélanges de la nature pour sublimer la fin de l'année.

Chaque saison a sa couleur, c'est un rapport direct avec la luminosité. L'hiver recouvre parfois nos bois d'un manteau blanc qui tranche avec le brun sombre des arbres dénudés ou les aiguilles gris-vert des résineux encore éveillés. L'allongement du jour annonce de nouvelles feuilles, d'un vert étincelant, qui débourrent. On est au printemps, la sensation de renaissance nous envahit. L'été et son soleil arasant jaunissent les terres asséchées. Le cycle de la lumière dicte la vie de nos forêts tempérées. Mais sous d'autres climats, point de saison, et donc pas de variations ! À l'équateur, une monotone verdure subsiste toute l'année, et les plantes s'affrontent dans une compétition permanente qui favorise des croissances démesurées.

Les végétaux, les arbres sont tous soumis au dieu Soleil. Entre chaque membre de la forêt, les passes d'armes et les coups bas font rage. La compétition est irrémédiable, non négociable. C'est la dictature de la lumière.

Qui veut la peau de Gaïa ?

Nous bivouaquons sous les étoiles. Que faisons-nous de mal ? Depuis le début je vous l'ai caché, mais nous sommes hors-la-loi, de vulgaires vauriens qui seront accusés de crime écologique et de destruction des espaces boisés si l'on se fait surprendre. Réfléchissons et mettons cela en perspective avec les maux de notre temps.

Érosion des sols, acidification des océans, altération de l'air, pollution des eaux, réchauffement climatique, continents de plastiques, disparition des sables et rognage des côtes, extinction massive… Où en est la Terre ? Tout allait plutôt bien pour cette vieille dame de plus de quatre milliards d'années jusqu'à l'arrivée des perturbateurs. C'était il y a deux cent mille ans, elle s'en souvient encore. Des hominidés tout juste bons à tailler des cailloux ont commencé à chasser en bandes et à produire des flammes. Le feu de camp est devenu forge, puis machine à vapeur, électricité et énergie nucléaire. Du jamais vu de mémoire de Gaïa. Car hormis quelques oiseaux géants et les mammouths laineux, elle n'avait rien vu venir d'aussi étrange. Alors quand les premiers Sapiens et néandertaliens ont commencé à tapisser leurs grottes de peintures bariolées, elle a dû sentir que ça allait tourner au vinaigre. Son système immunitaire s'est mis en marche. C'était il y a quelques dizaines de milliers d'années, hier en somme. Un réchauffement qui fait fondre la calotte glaciaire, déverse de l'eau douce dans les océans et paralyse les transferts de chaleur entre l'eau et l'atmosphère en Europe. Cette ère glaciaire dont le pic remonte à environ vingt et un mille ans divisera la population humaine par deux et entraînera un exode vers le sud. Mais il y a ces fichus primates qui refusent de se laisser faire et continuent de se reproduire, excavant bientôt des tonnes de roches pour fabriquer des aciers et inventant la roue ! Les voilà maintenant qui creusent la terre, écorchent Gaïa et ruinent sa biodiversité avec la monoculture. Qu'est-ce qui leur prend de bâtir des pyramides aux quatre coins du monde ? Toutes les terres du monde habitées, ceux qui chassaient à main nue il y a quelques centaines d'années iront jusqu'à poser les pieds sur la Lune.

Mise en situation : nous sommes dans les bois, la tisane est épuisée, le feu de camp se meurt lentement. Les braises illuminent en rouge un seul côté de mon visage, c'est mon côté misanthrope (et un peu prophétique). Vous allez comprendre.

Mi-admirative, mi-sidérée, Gaïa assiste à la montée en puissance d'une espèce conquérante. La première dans sa longue histoire. En deux mille ans, elle aura épuisé les sols, empoisonné les cours d'eau, exterminé dodos et diables de Tasmanie. La prochaine extinction de masse est déjà enclenchée. Attachez vos ceintures. En l'espace de deux mille ans, *Homo sapiens* aligne les trophées : bientôt les pandas, orangs-outans, tigres, lions, rhinocéros et éléphants. L'histoire se répète, les plus grands tirent leur révérence en premier.

Gaïa a bien tenté de reprendre la main à plusieurs reprises. Stratégie évolutive. Quand une espèce devient dominante, trop abondante, rien de tel qu'une petite épidémie pour réguler les populations : la mosaïque chez les plantes, le mildiou et autres moisissures ; pour les animaux, les pestes, les grippes bien virulentes et autres coronavirus. Ces petites inventions de l'évolution se transmettent d'autant plus facilement que l'espèce ciblée est concentrée, entassée, cohabitante. Folie de la mondialisation contre nature, illusion des ressources illimitées, Gaïa se venge en espérant nous réveiller.

Et demain ? Typhon, déluge, désert, atmosphère en furie, terres stériles ? Demain, l'humain seul sur son bout de rocher ?

Mais Sapiens le savant persiste et signe, écrase, maltraite, lamine, règne en maître.

Et quand le dernier homme sur Terre s'éteindra après avoir brûlé son dernier lopin de terre, bu sa dernière gorgée d'eau empoisonnée, respiré sa dernière bouffée d'air vicié, Gaïa le verra succomber aux plaies qu'il se sera lui-même infligées. Et Gaïa l'oubliera.

Comme elle a oublié les trilobites et les vélociraptors avant nous, elle l'oubliera et pansera ses plaies. Ses reins filtreront son eau, son épiderme reboisera les terres à nu et ses poumons nettoieront l'intégralité de son atmosphère. Ça prendra des siècles, des millénaires, mais Gaïa renaîtra et verra ses prochains enfants émerger. Elle les surveillera du coin de l'œil en les espérant plus raisonnables que leurs prédécesseurs. Alors elle rira, et oubliera tout ce qui s'est passé durant deux cent mille ans.

Et la vie reprendra son cours. Et Gaïa respirera. Jour après jour, comme si de rien n'était, jusqu'à ce que son étoile s'épuise et que ses flammes en furie vaporisent la surface de notre planète. Crémation spatiale. Adieux planétaires.

Ou bien l'homme aura trouvé une nouvelle voie. Une sagesse qui lui aura permis de réparer ses méfaits comme une amende honorable envers sa planète mère.

Remerciements

L'un de mes auteurs favoris, Jerry B. Jenkins, rappelle qu'un livre n'est en rien une œuvre solo, mais véritablement un duo entre l'auteur et l'éditeur. Je remercie donc les éditions Suzac pour leur confiance et le travail formidable – un trio même ! – réalisé sur cet ouvrage.

Bien entendu, je ne peux m'empêcher d'avoir une pensée pour les personnes m'ayant accompagné dans les bois depuis ces nombreuses années. Notamment Tomtom et François.

Un grand merci à Marina, qui supporte (dans tous les sens du terme) mes travaux dans le domaine du bushcraft.

Enfin, merci à ceux que le Bon Dieu a mis sur ma route depuis le début : Frédéric F., Christophe G., Laurent B. … Chaque projet qui aboutit est un nouveau germe de la confiance que vous m'avez un jour accordée.

Sources et références

ALBOUY Vincent et FELLONI Claire, *Le guide des curieux de nature*, Delachaux et Niestlé, 2017

CHAZEL Muriel et Luc, *Guide des traces d'animaux*, Belin, 2017

LI Qing Dr., *Shinrin yoku : l'art et la science du bain de forêt*, First Édition, 2018

HALLÉ Francis, *La vie des arbres*, Bayard Culture, 2019

KAYSER Renée et SCHEIDHAUER-FRADIN Natacha, *Copain des bois*, Éditions Milan, 2019

LONDON Jack, *Construire un feu*, Éditions Phébus, 2007

STAMETS Paul, *Le mycélium à la conquête du monde : comment les champignons peuvent aider à sauver le monde*, Éditions Imagine un Colibri, 2018

THOREAU Henry David, *Walden ou la vie dans les bois*, Éditions Gallmeister, 2017

VERNE Jules, *L'île mystérieuse*, Éditions Magnard, 2019

Du même auteur

Guides pratiques

Nature Aventure Survie : guide pratique du bushcraft, Éditions Mémorabilia, 2017

L'art ancestral de la navigation naturelle, Éditions Mémorabilia, 2018

Découvrir le bushcraft : 12 pistes pour renouer avec la vie sauvage, KDP, 2019

Mon premier bivouac, Éditions Mémorabilia, 2019

Bushcraft : l'art de vivre et survivre dans la nature, Idéo Éditions, 2020

Décodons les signes de la nature : manuel de l'apprenti aventurier, Vagnon Jeunesse, 2021

Microaventure : week-end immersion forêt, Vagnon Aventure, 2021

Participation à des ouvrages collectifs
Les survivants de l'extrême : 30 histoires vraies et insolites, Éditions Mémorabilia, 2020

Fictions
Biwak, Éditions Partis Pour, 2020
Portail Salles : 20 ans après, Galaxies SF, 2020

Collaboration régulière aux magazines :
Survival, American Legend, La gazette des Armes

Dans la même collection

Petite déclaration d'amour aux Anges
Nos compagnons de route

Petite déclaration d'amour aux Chats
Nos félins de velours

Petite déclaration d'amour au Cheval
Notre plus belle aventure